La Démocratie Participative et sa manifestation dans la Société Contemporaine

TABLE DES MATIERES

RESUME GENERAL

La démocratie au sens étymologique du terme, désigne le gouvernement par le peuple et pour le peuple. Une réflexion sur ses nouvelles formes passe naturellement par l'examen de la place des citoyens dans l'organisation et la direction des affaires publiques. L'idéal démocratique est né du rejet de la loi du plus fort et de la hiérarchie sociale au profit des principes d'égalité et de liberté.

Incidemment, plusieurs études contemporaines ont démontré que la participation des citoyens dans l'élaboration des solutions aux problèmes de leur communauté comporte d'énormes avantages.

Cependant, plusieurs défis restent à relever tel que la concrétisation de la participation afin que celle-ci ne demeure un simple « leitmotiv », l'éducation politique citoyenne, réduire au minimum la politisation des groupements et association d'intérêts sociaux,...

C'est ainsi que l'objet du présent devoir porte sur l'état de la participation citoyenne dans la démocratie contemporaine. Mesurer la participation citoyenne implique de jeter un regard attentif sur divers aspects de la vie politique comme le taux de participation aux processus électoraux, le niveau de l'engagement social et de l'action militante, l'efficacité des différentes méthodes de participation publique, la compétence civique ainsi que le niveau de l'éthique sociale des citoyens. On doit également considérer l'influence qu'exercent les principaux acteurs de la scène publique que sont les politiciens et les médias puis se demander si l'espace décisionnel accordé aux citoyens est suffisant ou s'il n' y a pas lieu de l'élargir et de l'augmenter de façon significative. Enfin, il importe de jeter un regard attentif aux nouvelles formes de participations citoyennes élaborées et expérimentées depuis un certain nombre d'années déjà.

INTRODUCTION

La démagogie depuis toujours est au cœur de la vie politique et la démocratie ellemême n'en est pas exempte. Vouloir éradiquer le mensonge politique est une naïveté, mais la réduire est une obligation civique. Il n'est pas de démocratie sans la confiance du citoyen. Réputée comme le plus paradoxal des gouvernements, la démocratie dérivée d'un terme grec composé des mots « démos » qui veut dire « peuple » et « Kratie », gouverner, régir, se traduit littéralement par l'expression : «gouvernement du peuple ou gouvernement de la majorité ». La démocratie, en tant que forme étatique, se démarque de la monarchie, de l'aristocratie et de la dictature. La définition la plus courante est celle du « gouvernement du peuple, par le peuple et pour le peuple » (Abraham Lincoln) .Pour être plus concret, on pourrait dire que, dans un système démocratique, le pouvoir vient du peuple, il est exercé par le peuple et en vue de ses propres intérêts. Les grandes typologies de l'histoire philosophique la mentionnent par principe, sans cacher leur scepticisme, tant elles doutent de son existence effective. Mais peu importe, la démocratie est aujourd'hui un maître mot, indiscutable, aussi canonisé que la liberté.

Parmi les 193 pays reconnus par les Nations Unis, il y a 123 démocraties (www.freedomhouse.org). Ainsi, plus de la moitié des Etats a établi une forme de gouvernement caractérisé par la participation du peuple, sous une forme ou une autre. Depuis la fin des années 1990, la participation est (re)devenue un objet important dans le domaine des études urbaines. Elle a donné lieu à des controverses autour de « promesses » de démocratisation de la vie politique locale, contribuant assurément à un regain d'intérêt pour la notion de démocratie locale (Lefebvre, Nonjon 2003) et au développement de visions multi scalaires de la participation. Si la démocratie participative refait surface, c'est que celle-ci apparait de plus en plus nécessaire pour combler le vide causé par le problème de représentativité que les pays dits démocratiques traversent aujourd'hui. Crise liée à la défiance croissante de la participation citoyenne vis-à-vis de la vie politique telle que la montée de l'abstention et le vote protestataire d'extrême droite en France.

Dans une présentation proposée par wikipédia, la démocratie participative est définie comme une « nouvelle forme de partage et d'exercice du pouvoir, fondée sur le renforcement de la participation des citoyens à la prise de décision politique ».Il spécifie ensuite que « ce n'est pas la démocratie directe(régime politique dans lequel les citoyens exercent directement le pouvoir), ou une véritable démocratie au sens étymologique et politique-si le citoyen n'a pas le pouvoir sans subterfuge ».Il importe aussi de prendre conscience que la démocratie participative ne s'oppose pas à la démocratie représentative(régime politique dans lequel on reconnaît à un organisme le droit de représenter une nation ou une communauté).En fait, elle la complète en permettent aux citoyens d'avoir une prise sur leur environnement local, et d'exercer un certain pouvoir sur la décision. La notion de démocratie participative recouvre ainsi des organisations à mi-chemin entre la représentation et l'auto-gestion.De cette manière, elle suscite une transformation du rôle du citoyen, appelle une redéfinition de la citoyenneté et pose plus largement la question du pouvoir. Aussi, la participation active des citoyens reste évidemment la condition sine qua non du succès de la démocratie qualifiée de participative qui de plus en plus se manifeste dans notre pays comme dans tant d'autres que ce soit sous la forme de manifestation de rue, des débats, tchat sur internet, forum, multiplication des associations et groupements d'intérêts sociaux tel que la société civile, les syndicats etc.

Il n'est pas sans intérêt de rappeler au préalable qu'être citoyen signifie justement posséder le droit, sinon le privilège de participer librement à la vie de la communauté politique à laquelle on appartient. Cette participation permet de concilier davantage les intérêts individuels et l'intérêt général dans l'esprit d'une coexistence harmonieuse et pacifique. Participer ne signifie pas obligatoirement qu'on veut devenir politicien. La participation consiste à exercer volontairement une influence sur les processus de décision, sur quel plan et à quel niveau que ce soit.

La question se pose ainsi de savoir comment se présente l'état de cette participation citoyenne dans la société contemporaine ? Le présent devoir se présentera comme suit : de la démocratie sans le peuple à la démocratie avec le peuple (partie I) aux limites de l'effectivité de l'application de cette démocratie participative (partie II).

1ERE PARTIE: DE LA DEMOCRATIE SANS LE PEUPLE A LA DEMOCRATIE AVEC LE PEUPLE

HISTORIQUE

Il y a plus de 3000 ans, la démocratie athénienne inaugure l'idée que les hommes ne doivent être les sujets que d'eux-mêmes et met en lumière l'idée du bien commun, lequel ne peut être assuré lorsque des minorités dominent la majorité. De là, l'idée du peuple source du pouvoir. Apparu à la fin des années 1960, le concept politique de démocratie participative s'est développé dans le contexte d'une interrogation croissante sur les limites de la démocratie représentative, du fait majoritaire, de la professionnalisation du politique et de l'omniscience des experts. Ainsi s'est infirmé l'impératif de mettre à la disposition des citoyens les moyens de débattre, d'exprimer leur avis et de peser dans les décisions qui les concernent. « Quand au sommet de l'Etat, on joue du violon, comment ne pas s'attendre que ceux qui sont en bas se mettent à danser »écrivait Karl Marx. Il convient de noter que l'expression « démocratie participative» recouvre des réalités fort différentes selon les contextes où elle est mise en place (Breux, Bherer et Colin ,2004 ; Bacqué, Rey & Sin tomer ,2005) .L'expression « démocratie participative »est en réalité souvent employée pour désigner l'ensemble des mécanismes de participation mis à disposition de l'ensemble des acteurs locaux pour influencer le processus décisionnel local. Ainsi, elle invite le citoyen à s'impliquer de manière plus directe et régulière dans son quartier ou sa ville au lieu de limiter l'exercice démocratique au droit de vote ponctuel. Elle vise aussi la création et la mise en place de mécanismes d'information, de consultation, de délibération ou bien encore de concertation (Quesnel 2000). Certains de ces mécanismes tirent leurs origines d'expériences plus anciennes. C'est ainsi par exemple que les premières consultations publiques sont nées au Québec au début des années 1960 dans les domaines de l'aménagement du territoire et de l'environnement (Simard, 2003 ;

418).D'autres tirent racines d'évènements plus récents. En France par exemple, c'est dans la loi du 06 Février 1992 pour l'administration territoriale de la République que le terme « démocratie locale » apparaît pour la première fois. Cette notion désigne dans ce cas précis le droit de la population à l'information et à la consultation locale par les « commissions consultatives des services publiques locaux »(CCSPL).Mais partout dans le monde, c'est à partir des années 1990 que la démocratie participative a commencé à prendre forme dans la vie politique des citoyens.

CHAP I : LES FONDMENTS DE LA DEMOCRATIE PARTICIPATIVE

Section I : Les références théoriques

Dans cette partie, il conviendrait de relater les conditions de fonctionnement (§1) et les caractéristiques de la démocratie participative (§2).

§1 : Conditions de fonctionnement

Pour le bon fonctionnement d'un système démocratique, certains principes méritent d'être respectés.

1) Les libertés fondamentales et droits fondamentaux

Les libertés fondamentales et droits fondamentaux(les droits de l'homme) sont bien plus qu'une simple composante de la démocratie .Ce sont des conditions sine qua non pour le bon fonctionnement d'un système démocratique. Une définition stricte décrirait les droits de l'homme comme des droits inhérents à l'individualité de chacun en matière de protection contre toute velléité de l'Etat à porter atteinte contre sa personne. L'Homme jouit de ces droits dès sa naissance et l'Etat ne peut pas les lui retirer. Ils forment la base même des relations humaines qui régissent la vie en société. Ils touchent différents domaines tel que les droits de la personnalité individuelle (droit à la vie et droit au libre épanouissement de la personnalité), les droits politiques et civils qui sont là pour garantir à chaque citoyen une libre participation à la vie politique de sa communauté et les droits sociaux et économiques (garantir le minimum vital pour la survie de l'être humain).

2) Les élections

Les élections constituent l'un des piliers les importants de la démocratie. Ce sont les textes du droit électoral qui fixent et définissent clairement l'organisation de ces élections. Par ce droit électoral, les citoyens ont non seulement le droit de voter (droit électoral actif) mais également celui d'être élus (droit électoral passif).Mais cela ne signifie pas pour autant que tout Etat qui fait procéder à des élections peut automatiquement être qualifié de démocratique puisqu'il existe d'autres formes de gouvernement dans lesquelles les élections sont aussi pratiquées .Mais les élections démocratiques sont soumises à certaines conditions à savoir :élection libre , équitable, publique et transparente.

3)L'Etat de droit

Dans un Etat de droit, il existe des principes fondamentaux et des procédures qui garantissent la liberté de chaque individu et permettent la participation à la vie politique. Dans un Etat de doit, tous les citoyens sont égaux devant la loi, même les employés de l'Etat et de l'Administration. Cette dernière ne peut agir que lorsqu'elle a été investie de la responsabilité afférente par la loi ou la constitution. En ce sens, un Etat de droit est donc toujours un Etat fondé sur le respect de la loi et de la constitution. De cette manière, il rend l'Etat responsable de ses actes devant les citoyens et leur donne l'opportunité de se positionner et de réagir par rapport à ses actes. Dans cet ordre régi par l'Etat, les citoyens peuvent également participer en toute liberté à la vie politique.

4) La séparation des pouvoirs

Le terme « séparation des pouvoirs » signifie en fait la « division » du pouvoir de l'Etat en trois parties : le pouvoir législatif (élabore et adopte les lois), le pouvoir exécutif (applique les lois et la politique gouvernementale) et le pouvoir judiciaire(représente le cadre légal pour l'exercice du pouvoir) .Dans un Etat démocratique, le pouvoir se contrôle et s'influence efficacement, d'abord et en premier lieu ,par lui-même. Généralement, c'est la constitution d'un pays qui fixe la manière dont le pouvoir est réparti entre les différents organes et quelles compétences leur sont respectivement attribuées. Il n'existe pas de recette infaillible et immuable à étendre directement à tous les cas, en ce qui concerne l'organisation de la séparation des pouvoirs dans une démocratie moderne. Mais le plus important est que le pouvoir d'Etat ne se trouve pas entre les mains d'une seule personne 'un petit groupe de personnes, car, dans la plupart des cas, cela aboutit à un abus de pouvoir.

§2 : Les caractéristiques

La démocratie dite participative est caractérisée par des débats et des décisions.

La démocratie participative n'est nullement réductible à la « démocratie d'opinion » en cela qu'elle crée les conditions nécessaires au déroulement d'un débat public ouvert et démocratique. Inspiré par des penseurs de la délibération collective tels que Jürgen Habermas et James S.Fishkin, l'impératif délibératif se fonde sur une logique simple : meilleure set la qualité du débat, plus légitimes et efficaces sont les décisions qui en découlent. Les citoyens, en s'associant à l'élaboration des décisions politiques, favorisent la transparence de l'action publique, améliorent la qualité des débats politiques et évaluent, sans complaisance, la qualité des services publics : ils sont légitimés à participer plus directement à la construction de l'intérêt général. Cette nécessité de revitaliser la démocratie s'appuie donc sur un rôle et un pouvoir nouveaux dévolus aux citoyens. Elle s'appuie, comme l'exprimait le philosophe pragmatiste John Dewey, sur « une citoyenneté active et informée »et sur la « formation d'un public actif, capable de déployer une capacité d'enquête et de rechercher lui-même une solution adaptée à ses problèmes ».Toute la question se porte alors sur les conditions d'un bon débat et notamment la qualité de la procédure délibérative pour arriver à ce qu'Habermas appelle « une entente rationnellement motivée »,notamment la liberté des participants au débat(ils doivent être « actifs et ouverts », « exempts de toute forme de contrainte ») et du débat lui-même(il doit être public et potentiellement ouvert à tous).Ceci bien sûr, sans aboutir à une définition excessivement normative du « citoyen idéal »dont l'effet pervers peut-être la disqualification du « citoyen réel ».

Section II : Enjeux soulevés par la démocratie participative

La démocratie participative consiste essentiellement à rechercher un équilibre (§1) entre gouvernés et gouvernants afin qu'il puisse exister cette attitude d'écoute de la part de ce dernier (§2).

§1 : Recherche d'équilibre

La démocratie participative redonne au citoyen, n'importe quel citoyen, une place centrale dans le processus démocratique. En effet, la démocratie participative inaugure l'idée que le bien commun ne se réalise que dans la contribution du peuple à celui-ci. Sans remettre en cause le savoir politique des élus ni les connaissances des experts, cette nouvelle forme de partage du pouvoir nécessite en amont de sa réalisation la reconnaissance d'une expertise citoyenne légitime. C'est là, pour Jacques Roncière, « la puissance subversive toujours neuve et toujours menacée de l'idée démocratique » :l'établissement d'un pouvoir fondé ni sur la naissance, ni sur l'argent, ni sur le savoir. La reconnaissance du « pouvoir des n'importe qui », « pouvoir de ceux qui n'ont pas plus de titre à gouverner qu'à être gouvernés ».Et cela afin d'éviter cette peur qui réfugie, au sein des démocraties, la prééminence de la légitimité des sachants, gouvernants ou experts, ainsi que la contestation de la légitimité populaire, stigmatisée comme « populiste » lorsqu'elle s'oppose à la logique élitiste dominante. Ici, l'on fait donc appel à ce « bon sens », qui doit être rigoureusement distingué du « sens commun », à la formation d'une opinion éclairée, sur la base d'une information suffisante, et fonde en politique la notion même de démocratie : la reconnaissance pour tous les citoyens d'une égale dignité de principe.

§2 : Attitude d'écoute

Plus encore, la démocratie participative permet à de nouveaux acteurs de la scène politique locale de s'illustrer davantage .Parmi ceux-ci figurent le citoyen qui se retrouve dans l'éventail des mécanismes de participation décrits plus hauts. Celui-ci a dorénavant les moyens de faire connaître son opinion et d'influencer la prise de décision des élus d'une manière plus directe et formelle. Des instances spécifiques sont ainsi créées pour permettre l'exercice de cette nouvelle forme de citoyenneté : conseils de quartier, comité de citoyens, associations de résidents, etc. La démocratie participative rompt donc avec la conception que seulement les élus détiennent une légitimité politique ou d'action. Pourtant, malgré l'augmentation de la délibération démocratique et de la participation publique par ces dispositions, il demeure un fossé entre les demandes faites par les acteurs publics de mouvements sociaux et des groupes de citoyens et les réponses institutionnelles fournies par les pouvoirs publics gouvernementaux.

CHAP. II : CONCRETISATION DE LA DEMOCRATIE PARTICIPATIVE

(La démocratie locale participative)

Section I : Constats

L'émergence des pratiques régionales de la démocratie participative (§1), depuis quelque temps déjà, avance un fait à la fois simple et peu interrogé. Il apparait logique de mettre en exergue les aspects de participation locale citoyenne (§2).

§1 : Pratiques territorialisées de la démocratie participative

Pratique territorialisée dans le sens que, dans la plupart des Etats, c'est surtout dans les collectivités territoriales telles que la commune que l' on rencontre le plus souvent cette forme de démocratie. Ce qui est à l'origine de l'appellation même de « démocratie locale participative ».

Cette forme de démocratie se mêle souvent à la concertation des territoires et un certain flou entoure la place du « citoyen » dans ces grand-messes d'acteurs territoriaux. Cette pratique est souvent utilisée lorsque les communes et même parfois, les Régions, par exemple, souhaitent solliciter le citoyen sur des sujets transversaux qui touchent profondément la vie de la localité concernée. C'est ainsi que l'on note la tenue de plus en plus fréquente d'ateliers citoyens mis en place dans les Régions françaises ou encore la diffusion de l'utilisation de l'internet pour créer un espace d'échanges généralistes. On note en écho à cette démarche une hésitation constante dans l'emploi du vocable de « démocratie participative » qui est souvent remplacé par « relation aux citoyens ».

§2/ Aspects de la participation citoyenne dans la gestion de la commune

A/Expériences locales de participation
1) Pratiques communautaires

Si la population malgache s'est depuis longtemps montrée plutôt timorée et peu encline à demander des comptes à leurs dirigeants. Cela se traduit par l'élaboration d'un Plan Communal de Développement connu sous le sigle de PCD .
Le processus d'élaboration du PCD était basé sur l'approche participative et a requis la participation des différentes composantes de la population locale à travers leurs représentants. Outre les représentants des

collectivités décentralisées, la majorité des acteurs de développement de la commune ont apporté leur participation. Et c'est pour la première fois que la base a été responsabilisée. Le PCD élaboré constitua ainsi le fruit de la concertation et de la participation de tous les acteurs puisqu'il a en quelque sorte responsabilisé la participation et a mobilisé la celle des pauvres. En effet, dans ce cadre là, le Maire les convoque pour connaître leurs avis et c'est seulement ensuite qu'il soumet les dits projets au conseil municipal.

2/Gestion politique de la démocratie locale participative

Evoquer l'engagement des « régions » dans la participation citoyenne, c'est en réalité faire l'état de l'engagement d'une poignée de nommés régionaux accompagnés par des administrations configurées de manière très disparates. La démocratie participative reste en effet le fait d'un petit groupe de personnes nommées ou élues comme les Maires, etc., ayant investi cette thématique comme mesure phare de leur mandat (Poitou Charente, Pays de la Loire).Les initiatives en matière de démocratie participative relève souvent d'entreprises « individuelles » d'un membre ou d'une coalition de membres de l'exécutif régional. Ces élus ont pour caractéristique d'investir la démocratie participative par le biais de leur mandat régional. Qu'est-ce à dire ? Qu'une fraction d'individus se saisit d'un mandat régional comme d'une scène politique suffisamment crédible pour être investie de sens démocratique.Le stigmate de ce phénomène reste l'apparition en 2004,en France, de vice présidents spécifiquement en charge de ces questions de démocratie participative au sein de plusieurs régions françaises.

B / Soutien à la gouvernance locale

Dans les collectivités locales, l'expérimentation de l'approche participative se dessine comme étant un soutien à la gouvernance locale. Tout d'abord, le concept de gouvernance mérite d'être défini. La gouvernance est l'exercice d'un pouvoir ou d'une autorité visant à administrer les affaires d'un Etat, d'une organisation ou d'une société. Nombreux disent que c'est un passage obligé pour la consolidation du processus démocratique. Un instrument de lutte contre la pauvreté.

La « gouvernance locale » quant à elle, comme son nom l'indique, se limite à une localité déterminée, principalement la commune. Ce système axe davantage ses préoccupations sur le « processus » à travers lequel les parties prenantes locales (autorités communales, société civile et bien évidemment les paysans) s'associant pour déterminer ensemble les priorités de développement local. Un de ses principaux fondements est d'insister sur la participation des populations locales dans les prises de décisions concernant le développement de leur localité. La démocratie participative, à la différence de la démocratie représentative où nous déléguons l'entière responsabilité de la gestion du pouvoir local au Maire élu par exemple, le citoyen « lambda » ne se contente pas non seulement de déposer un bout de papier dans une urne : il participe très étroitement à la vie civile, en décidant en commun, entre autre, des projets à réaliser par sa commune. Toutefois, cette forme de démocratie suppose, pour le citoyen, un pouvoir d'interpellation des décideurs.

Section II: Les verroux à une délibération généralisée et les axes pour une démocratie de discussion

Les possibilités de délibérer collectivement, entre citoyens,entre élus et citoyens,sont compromises par des verrous (§1) qui conduisent à concentrer le pouvoir sur un individu et à placer la société politique locale sous le contrôle de « l'homme fort ».Cependant,l'ambition qui nous guide est de rendre possible et obligatoire le cadre d'une discussion(§2).

§1: Les verrous

Il y a deux obstacles principaux à savoir :

A/ Absence d'autonomie du conseil et confusion des pouvoirs

L'on désigne souvent ce phénomène par le terme « présidentialisme ».Les assemblées délibérantes des collectivités territoriales sont désignées par les organes exécutifs. Aussi, l'exécutif local génère un présidentialisme, système le plus éloigné du régime d'assemblée nécessaire au niveau local, en particulier municipal. Le pouvoir correspond à une logique présidentielle forte. Le président ou le maire chef de l'assemblée délibérante se trouve dans une situation de dépendance forte à l'égard de l'exécutif. Chef de l'exécutif et du « délibératif » local, le patron de la collectivité locale est le véritable agent actif. Il prépare, fait voter, exécute les délibérations. Par le jeu des délégations qu'il peut recevoir de l'assemblée locale, il dispose de pouvoirs étendus, particulièrement le maire en charge du pouvoir de police et d'un certain nombre de compétence qu'il assure pour le compte de l'Etat.

Le pouvoir du chef de l'exécutif sur sa majorité lui assure un pouvoir étendu. L'opposition est –elle à même d'assurer un rôle de contre-pouvoir venant équilibrer cette confusion de fait des pouvoirs exécutifs et délibératifs locaux ? La France s'est longtemps distinguée parmi les pays développés en déniant à la minorité d'une assemblée territoriale le minimum des droits qui lui était souvent reconnue ailleurs, en premier lieu sa capacité d'existence. Les chefs et les conseillers régionaux ne sont pas élus mais nommés, donc issu du parti au pouvoir. Et ce qui pose problème puisque l'opposition se retrouve ainsi en minorité dans les organes importants capables d'influencer le pouvoir exécutif pour aller en faveur des citoyens.

L'intérêt général serait ainsi remis en question.

B/ Le cadre institutionnel

L'idée de participation des habitants ne résiste pas face à une réalité majeure du système local actuel. Si l'objectif est de favoriser la délibération collective autour des décisions locales, force est de constater que les conditions aujourd'hui ne sont pas remplies d'un espace public local de publicité et de discussion, espace intermédiaire et collectif entre la représentation politique et les citoyens. D'une part, la représentation politique locale est strictement nominative, comme l'on vient de le mentionner ci-dessus. Le pouvoir local subit une déviation majoritaire et plus encore une concentration au profit d'un petit nombre. La consultation des citoyens, même pour une demande d'avis, est rare. Or, cette approche constitue une condition clé de la réussite de la mise en œuvre des stratégies de développement. Par ailleurs, le non respect des standards démocratiques de la séparation des trois pouvoirs subsiste encore et toujours. D'autre part, la participation locale est définie à la fois par les pratiques mises en œuvre et par les possibilités et les garanties qu'offre la loi. S'agissant des pratiques, et dans le cadre d'une démocratie hyper-représentative, leur contenu et leur consistance dépendent du bon vouloir du « Président ».Notons toutefois que le vrai problème c'est l'absence d'institutionnalisation de la démocratie participative.

§2 : Les axes de discussion

L'enracinement du système local s'est construit contre la transparence et la publicisation des décisions et des opinions. C'est une culture locale de la discussion, de la publicité, qu'il faut permettre par un certain nombre de déverrouillages.

A/ La lisibilité du système local

1-Séparer les pouvoirs : une solution raisonnable consisterait, après l'élection et la nomination de l'exécutif (Président, maires et adjoints, etc.), à faire remonter autant de membres du parti victorieux non élus que de membres nommés dans l'exécutif. Dans l'hypothèse où ce parti occupe tous les sièges, des membres des autres partis rentreraient dans l'assemblée. L'exécutif serait alors clairement identifié, disjoint de l'assemblée et ne prendrait pas part au vote mais serait dans un rôle de proposition (non exclusif) et d'application des décisions votées.

2-Renforcer le pouvoir des collectivités locales : et cela par le biais de moyens d'action et de contrôle sur l'exécutif local. La reconnaissance d'une motion de censure à l'égard de l'exécutif local engagée par exemple. Ainsi, en France, une loi du 06 Février 1992 reconnaît aux membres des assemblées municipales le droit de poser des questions orales à l'exécutif, mais sans obligation de réponse, il est nécessaire d'insérer une obligation de réponse. Il serait bienvenu d'intégrer la possibilité de questions écrites, engageant une obligation de réponse de la part de l'administration municipale. Il y a aussi tout intérêt d'introduire à tous les niveaux de collectivités territoriales, le Référendum d'initiative Citoyenne. En France toujours, le « référendum » local est en cours de conception par des groupes de travail. Il doit être généralisé à toutes les collectivités de tous niveaux. Bien cadré dans des dispositions réglementaires, ce ne serait plus un avis mais aurait force de décision.

3-Même en changeant les conditions de la participation et de la représentation, ce projet participatif est condamné sans une bonne lisibilité du système décisionnel. Il faudrait être capable a minima d'identifier qui fait quoi pour que le contrôle populaire-quartier, commune, établissement public, région, ...- soit possible.

Ainsi, faire une place à la délibération et à la concertation avec les habitants dans la politique locale oblige à concevoir sur un nouveau mode l'action publique. Il s'agit en particulier d'accepter une complexification de la prise de décision. C'est ainsi donc que le renforcement des pouvoirs des habitants ne peut être envisagé sans que soit redéfinis les rapports des citoyens avec leurs représentants, c'est-à-dire le pouvoir des citoyens.

B/ Emergence obligatoire d'un cadre participatif

Qu'elle que soit la collectivité territoire concernée, un cadre participatif permanent doit être institué. Il faudrait ainsi enrichir les outils disponibles pour la participation des habitants. Les dangers d'un trop fort encadrement législatif de la participation, sont évidents mais il ne faut pas sous-estimer les garanties qu'offre la loi si les outils qu'elle met en place sont crédibles et efficients. Des outils donnant du pouvoir au droit de pétition doivent être envisagés : comme l'obligation pour l'assemblée communale d'inscrire une question à son ordre du jour dès lors qu'un certain nombre de signataires l'exigent.

2EMEPARTIE : LES LIMITES DE L'EFFECTIVITE DE L'APPLICATION DE LA DEMOCRATIE PARTICIPATIVE

Nombreux sont les obstacles qui empêchent la bonne marche de cette démocratie participative (chap. I) .On peut citer comme exemple le problème de la représentativité (Section I) ou l'illusion de la participation citoyenne(SectonII). Pourtant, la démocratie est un processus aui doit être maintenu et consolidée en permanence (chap II).La démocratie doit être assumée par l'ensemble de la population et parl'ensemble de l'élite politique. Elle ne peut être instaurée et consolidée que si l'on n'élabore pas de nouvelles formes de participation de la population à la vie de la société (section I).Selon les adversaires de la démocratie directe, cette participation citoyenne peut, cependant, porter atteinte à l'intérêt général. Ce qui a pour conséquence logique d'élaborer certaines perspectives favorables à la fois aux gouvernés qu'aux gouvernants (section II).

CHAP. I : LES OBSTACLES A LA BONNE MARCHE DE LA DEMOCRATIE PARTICIPATIVE

Les dirigeants politiques utilisent davantage la participation publique pour sa valeur symbolique sur le plan démocratique que pour sa contribution effective aux processus décisionnels.

Section I : Les problèmes de la représentativité

Pour pouvoir dire qu'il il y a mauvais fonctionnement de la démocratie participative, encore faudrait –il que l'on soit en démocratie. Cette affirmation peut paraitre une provocation pour beaucoup, mais l'on peut dire que le premier geste démocratique, qui est d'instaurer une élection libre et transparente, n'est même pas respecter dans beaucoup de pays. En effet, il y a dans ce geste un aspect plus symbolique qu'une marque concrète de la démocratisation. On peut dire ainsi que la délégation de souveraineté qu'implique la représentation aboutit à une confiscation de pouvoir. Il est possible de préciser cette formule en faisant deux constats :

§1 : Le non-choix électoral

Les représentants ne sont pas élus, mais se font élire. Ce n'est pas seulement une subtilité de langage. L'électeur ne choisit pas son représentant, il vote pour un candidat déjà présélectionné par des appareils dont le caractère démocratique est très souvent contestable, selon des critères plus ou moins occultes. Le multipartisme qui pourrait faire contre poids à ce défaut est aujourd'hui réduit dans presque tous les pays à un bipartisme où le plus souvent, il ne passerait pas une feuille de papier à cigarette entre les options politiques importantes des deux groupes en présence. La situation américaine qui a servi d'exemple est particulièrement éclairante en ce domaine, mais l'expérience française d'alternance des dernières années n'a pas vraiment été un contre pouvoir.

Dans tous les autres pays d'Afrique, le plus grand défi reste au niveau de la culture politique des représentants et le manque de volonté politique des citoyens. D'où le fait que les minorités se retrouvent souvent à la dérive face à l'inertie et à la soumission de la majorité. Cela se présente en effet par ce fossé énorme qui sépare les gouvernants et les gouvernés. L'on ne constate aucune symbiose entre ces deux acteurs de la vie politique.

Certains auteurs, de par leur analyse socioprofessionnelle, comme Bourdieu, parlent de « noblesse d'Etat », où l'élection sert en fait de paravent démocratique à une aristocratie républicaine qui, en fait, se coopte et se « reproduit ». Cette dernière observation nous conduit naturellement au deuxième constat.

§2: La confiscation technocratique

Les instances délibératives ne sont plus, dans le meilleur des cas que des chambres d'enregistrement de décisions prises ailleurs par des organismes non représentatifs. La séparation des pouvoirs, inscrite dans les lois et constitution ainsi que la Déclaration des Droits de l'Homme se transforme en une concentration du pouvoir entre les mains de technocrates sans le moindre mandat électif et hors de tout contrôle démocratique ; l'homme politique n'étant plus que le « commercial » chargé de promouvoir la décision auprès des médias. Et comme la technostructure souhaite que ce travail soit correctement fait, elle le prend en son sein. Et pour s'assurer qu'il ne prenne pas trop d'initiative, la langue de bois servira à cacher (mais en fait révéler) que le responsable politique n'est que le porte parole, pas toujours au fait du dossier, qui a été étudié en dehors de lui. Cette situation entraîne une autre déviation.

A/ Gestion contre intérêt général

La confiscation du politique par des techniciens et des gestionnaires conduit à n'envisager l'action politique que sous l'aspect gestionnaire (efficacité et rentabilité), négligeant totalement l'aspect véritablement politique(le débat sur les finalités et la notion d'intérêt général). Ainsi, le constat est sévère mais à la mesuré du désenchantement de nombreux citoyens. Et le danger est réel. Cette confiscation et cette absence de transparence conduisent certains à la violence plus ou moins spontanée pour enfin se faire entendre (situation dans les banlieues ou manifestations de certaines catégories socioprofessionnelles). Sans parler de la démolition politique du plus grand nombre, spectateurs impuissants d'une dégradation de la société dont ils tentent de se protéger par des pratiques égoïstes. La participation associative est-elle une réponse ? Rien n'est moins sûr.

B/ Le présidentialisme associatif

Il est illusoire de penser que la vie associative est une expression directe des citoyens. Là aussi la parole des associations est celle des responsables dont la désignation n'offre souvent aucune garantie démocratique. C'est particulièrement vrai justement pour les associations d'intervention para-politique. Crées par un individu ou un groupe d'admis qui ensuite font de la retape pour avoir des troupes, il serait inconcevable et même inélégant de remettre en cause le pouvoir des créateurs. De plus, même si au sein de telle ou telle association, les règles démocratiques élémentaires sont respectées, elle ne saurait représenter que ses adhérents(souvent très peu nombreux).Leurs processus décisionnels s'articulent d'abord et avant tout autour de l'intérêt et de la volonté de leurs membres ou actionnaires même s'ils prétendent souvent parler au nom du peuple(exemple : association de quartier)

Il semble évident que l'intervention des citoyens au plus près de leurs préoccupations, sans la médiation des élus, peut apparaître comme une avancée vers une démocratie plus directe. La réalité est tout autre. Non seulement, il y a des limites à cette vision mais un examen réaliste de cette pratique permet de faire apparaître les mêmes défauts que le système précédent, parfois aggravés.

Section II : L'illusion de la participation citoyenne

Si la démocratie est une forme très ancienne de gouvernement, la réalité montre qu'elle est en même temps très jeune et même, à bien des égards, relativement embryonnaire. De la « démocratie sans le peuple », l'on a cherché à passer à « la démocratie avec le peuple », processus par lequel ceux qui ont la mission de décider et d'édicter les règles sociales invitent les citoyens concernés à s'exprimer et à commenter les choix envisagés. Ce bilan positif comporte cependant un revers. Cette participation publique suscite aujourd'hui tant de frustration, de cynisme et de désintérêt parmi la population. Parlons un peu de certains des problèmes qui rendent difficile la participation citoyenne.

§1- Le décrochage citoyen

Quand on regarde aujourd'hui l'état de cette démocratie avec le peuple, l'on note le clignotement incessant d'un immense signal d'alarme qui indique un niveau inquiétant de désintérêt d'un nombre considérable de citoyens. Le taux de participation aux différents processus électoraux est un peu partout à la baisse et, dans le cas de certaines juridictions, carrément inacceptable. Le niveau de militantisme politique et d'action civique est également loin d'être vraiment à la hausse même si on note un engagement plus grand que jamais dans les organisations de la société civile. Partout en Occident, les partis politiques ont vu raccourcir leurs listes de membres. L'expérience révèle que ce sont souvent les mêmes personnes qui s'impliquent dans la communauté, qui s'engagent socialement et qui se prévalent des mécanismes de participation civique. Le débat public et le militantisme sont encore l'affaire d'une minorité. Evidemment, la complexité de la vie moderne fait surgir une multitude de tension et de problème de telle sorte que les bonnes causes sont innombrables. Avec l'augmentation du nombre de personnes insérées dans les activités de l'économie de marché et l'éclatement d'une grande proportion des familles, beaucoup de gens ont moins de temps et d'énergie pour militer au sein des diverses associations bénévoles et pour faire entendre leur voix. Par ailleurs, des résultats de recherche ont établi que les jeunes, en particulier, ne se sentent pas concernés par la politique. L'on suppose que cela est dû, entre autre, au fait que les jeunes n'ont souvent pas droit à la parole. Ils n'intéressent donc pas les politiciens, sauf au moment des élections. Et c'est ainsi qu'il y a baisse de la motivation à vouloir s'engager. Et pourtant, ce sont justement les jeunes qui peuvent aider à imprimer leurs valeurs à une société. Il y a évidemment des exceptions : elles surviennent lors des moments forts, empreints d'une grande charge émotive ou symbolique, ou quand sont en cause les intérêts sensibles des gens. Ainsi, de temps à l'autre, l'indignation, la colère, le ras-le-bol provoquent un fort désir de changement ou, à l'inverse, une forte résistance qui s'exprime par de grandes mobilisations et un militantisme temporaire effervescent. Mais, à part ces moments magiques, la mobilisation générale, celle de la majorité silencieuse, est rarissime.

§2 : Manque de civisme et nécessité d'apprentissage

Etre un véritable citoyen, agir comme tel, participer à la vie publique, discuter puis choisir de façon avisée et constructive n'est pas une chose innée ; cela doit s'apprendre. Il y a un apprentissage à faire pour atteindre une bonne connaissance civique, c'est-à-dire, une compréhension adéquate des rouages institutionnels de la vie politique. La connaissance civique, c'est l'oxygène de la démocratie. Dans une perspective d'élargissement de la participation citoyenne dans nos sociétés hypercomplexes où les experts et les spécialistes dominent, cette dimension est encore plus fondamentale. C'est d'ailleurs sur elle que repose l'exercice éclairé de la souveraineté populaire. « Etre informé et être libre » disait à ce propos René Lévesque. Le droit de s'exprimer, de participer puis de décider ne suffit pas. Il doit être soutenu par une bonne éducation politique, une maîtrise adéquate du savoir et une capacité d'organiser l'information. Faut-il rappeler qu'une décision prise démocratiquement, donc issue d'une majorité de citoyens ou même d'une majorité parlementaire, n'est pas nécessairement une bonne décision, notamment quand elle est prise dans la précipitation et l'ignorance générale, sous l'influence néfaste de coups d'Etat émotionnels ou de partisannerie aveugle ? Cela dit, il n'est pas facile de mesurer le niveau de démocratie cognitive et de compétence civique des citoyens. Néanmoins, comme l'a démontré le politologue Henry Miller de l'université Laval, en utilisant différents indicateurs, l'on peut en apprécier la valeur et effectuer des comparaisons qui confirment l'évidence : la participation est plus active et d'une qualité supérieure dans les sociétés où les connaissances civiques sont fortes. Parmi les indicateurs utilisables pour évaluer la compétence civique, l'on peut citer par exemple le taux d'alphabétisation et la fréquentation scolaire, les aptitudes de lecture et d'écriture, le degré de connaissance dans certaines matières liées à la vie en société, le niveau d'écoute de la radio et de la télévision en relation avec le taux de lecture des journaux, etc. Le caractère fondamentale de la compétence civique ne peut jamais être (tenue) pour acquise. Le défi de contrer l'ignorance politique et les élus mais tous les acteurs de la vie collective à commencer par les parents et les éducateurs, qui sont les premiers responsables du développement de cette connaissance civique.

§3 : L'absence d'une éthique sociale partagée

Il n'est peut être pas dans le ton de la rectitude politique pour un élu de le dire, mais il apparaît évident que l'une des principales causes du décrochage civique est 1 »absence d'une éthique sociale exigeante et largement partagée chez les citoyens euxmêmes. En d'autres termes, le sens de la responsabilité et du devoir de solidarité fait cruellement défaut dans les sociétés modernes où les individus sont de plus en plus atomisés. A cet égard, je partage le point de vue de Marcel Gauchet, philosophe et rédacteur en chef de revue française Le Débat, selon qui, « l'Emprise des droits individuels qui ne cesse de s'étendre est en partie responsable de cette situation dans la mesure où il n'est pas contrebalancé par une valorisation de même importance des devoirs et responsabilités des citoyens »*. Et c'est ainsi que le « chacun pour soi et au diable le bien commun » est devenu le leitmotiv accepté et répandu largement dans les sociétés occidentales. Du point de l'idéal démocratique, qui suppose que le bien commun est supérieur à l'addition des intérêts individuels et que la solidarité est le ferment de la vie collective, cette situation a de quoi inquiéter. Il n'est pas sain, en effet, qu'autant de gens se replient sur eux-mêmes de façon fataliste et abandonnent leur statut de citoyens pour se contenter d'être de simple clients-consommateurs-spectateurs. Pour bien fonctionner et évoluer au profit de tous, la liberté et l'égalité ont besoin de façon vitale du soutien, de l'engagement et de la vigilance de type participatif, l'on ne peut rester constamment, ni même souvent, sur son quant-à-soi et se laver les mains de la vie publique et de la réalité de l'autre.

Mettons fin ici à l'exploration des limites et blocages de l'engagement citoyen et abordons maintenant les voies d'avenir.

CHAP.II : LE PROCESSUS DE MAINTIEN ET DE CONSOLIDATION DE LA DEMOCRATIE PARTICIPATIVE

On ne peut pas révolutionner la démocratie sans modifier autant la façon classique et millénaire de faire usage de la libre parole en collectivité que les modalités d'échange et de collaboration entre les citoyens et leurs élus. Le temps est venu de parler et de communiquer autrement pour apprendre puis pour dénouer les crises, résoudre les problèmes et agir efficacement. C'est dans cette optique que des nouvelles approches de participation publique (section I) ont été mises au point depuis un certain nombre d'années déjà. Il faut reconnaître que la participation citoyenne peut aussi bien avoir des impacts positifs que négatifs sur la vie de la société (section II).

Section I : Elaboration de nouvelles formes de participation

Ces nouvelles formes de participation citoyenne sont de trois ordres. Le premier regroupe différentes méthodes fondées sur la délibération approfondie (§1). Tandis que la seconde repose sur la communication authentique élargie (§2), la troisième a surtout trait sur la démocratie directe et les référendums (§3).

§1 : Dans les cas des méthodes délibératives

Les méthodes délibératives de participation citoyenne sont nées aux Etats Unis et en Europe. L'objectif est d'amener une population à passer du stage de l'opinion publique brute qui se caractérise par l'ignorance et l'irrationalité, au stade du jugement public lequel est défini comme une vision lucide, stable et rationnelle. Le cheminement populaire recherché s'effectue par l'action de petits groupes d'individus invités à créer entre eux des liens de confiance, à partager de l'information de grande qualité, à dialoguer, discuter et apprendre ainsi les uns des autres puis à se former une opinion juste laquelle est ensuite présentée et même proposée à toute la collectivité. Toutes ces méthodes ont été expérimentées à plusieurs reprises dans différents Etats démocratiques et elles ont des fruits intéressants, bien que relativement limités. Jusqu'à ce jour, il n'est pas possible d'affirmer que ces nouvelles approches, notamment la méthode délibérative, ont atteint les résultats escomptés à l'échelle de grandes collectivités, en amenant une portion significative de la population au stade du jugement public ou en faisant en sorte que les dirigeants politiques se confondent à la volonté populaire façonnée par les groupes de délibération. En multipliant les expériences et les espaces de délibération, on peut cependant penser qu'une véritable culture délibérative de l'augmentation et du dialogue se développera et qu'ainsi une nouvelle et plus forte solidarité communautaire sinon sociétaire s'installera.

§2 : La communication authentique élargie

Cette méthode de participation a été mis au point, de son côté, au Québec, par une équipe de chercheurs-cliniciens formés en sciences sociales et réunies au début des années 1970 au sein de Bureau de recherche et d'intervention clinique (BRIC) de Québec. Ce dernier a élaboré une façon « d'aider des collectivités à se libérer de leurs pathologies sociales » par un usage adéquat et différent de la parole. D'où l'origine du concept de parole collective décrit comme « un niveau de communication plus profond et plus authentique entre les membres d'une collectivité ». L'expression de la parole collective amène d'abord les gens à prendre conscience qu'ils partagent, beaucoup plus qu'on ne le croit en général, les mêmes défenses ou résistances face aux différentes problématiques et aux défis auxquels ils font face ; elle facilite ensuite la détermination des causes des problèmes complexes et de leurs solutions ; puis elle conduit les gens à dénouer les conflits cristallisés et ainsi à se libérer des illusions et des résistances qui les empêchent souvent d'emprunter des voies d'amélioration plus saines et plus motivantes. La communication collective, une méthode par l'entremise de laquelle l'on amène une collectivité à s'exprimer et à communiquer consciemment avec elle-même, résulte de ces observations. L'élément central de cette socioanalyse réside dans la tenue d'assemblées publiques. Une des principales caractéristiques de ces rencontres citoyennes est d'écarter la hiérarchie sociale en ne permettant pas aux élites et aux tribuns d'accaparer tout l'espace, de monopoliser la parole et de manipuler le groupe, volontairement ou non.

§3 : Démocratie directe et les référendums

La démocratie moderne, dite de délégation, repose sur une vérité incontournable : il est impossible de concevoir l'organisation du bien commun et la gouvernance des peuples par la participation de tous les citoyens à toutes les décisions et à tous les stades de celles-ci. Cela est encore plus vrai quand on considère l'ampleur des sociétés contemporaines et des territoires occupés, les nombreux et profonds clivages sociaux autant qu'idéologiques, les multiples conflits d'intérêts, la complexité des enjeux politiques ainsi que la nature de certaines questions qui nécessitent des arbitrages délicats et difficiles ou des décisions rapides, voire urgentes. Il faut parfois trancher dans le vif et décider sans délai de la direction à prendre. Est-ce-à dire cependant que l'on doive continuer de priver l'ensemble des citoyens de tout pouvoir de décision ou presque, comme c'est le cas dans la plupart des démocraties contemporaines ? Dans le respect de la doctrine démocratique qui veut que le peuple soit souverain et qu'il gouverne ses propres affaires, les élus ne devraient-ils pas avoir recours au référendum beaucoup plus souvent ? Bien plus, ne devrait-on pas aussi accorder aux citoyens le droit d'amorcer eux-mêmes des référendums sur plusieurs questions telles que la réforme des institutions démocratiques ? Ce cas s'était produit au Québec en Février 2003. L es trois mille personnes qui ont participé ont répondu très fortement oui à la question.

Section II : Les risques liés à la participation citoyenne et Les perspectives d'avenir

§1 : Les risques liés à la participation citoyenne

Les adversaires de la démocratie directe invoquent trois arguments majeurs. Le premier est que l'initiative populaire représente une surcharge de l'agenda des autorités publiques causée par un excès de demandes et de revendications, ce qui complique et alourdit la gouvernabilité. Le second est la prolifération des blocages par le droit de veto populaire, ce qui peut provoquer sinon un immobilisme et une paralysie décisionnelle, tout au moins un ralentissement significatif du processus décisionnel engendrant ainsi des conséquences allant à l'encontre du bien commun. Enfin, le troisième argument massue invoqué constamment par les partisans du statu quo est la peur des dérapages démagogiques et populistes qui pourraient conduire à des droits humains. C'est la peur des excès du pouvoir du peuple, de la dictature de la majorité silencieuse et ignorante au détriment de différentes minorités ; c'est la peur de se voir imposer contre son gré des choix qui heurtent principalement nos valeurs morales et nos croyances religieuses ; c'est aussi la crainte de voir l'opinion publique manipulée et trompée à la faveur d'un déséquilibre des options en jeu à cause des règles de formulation de questions de financement inéquitable voire carrément inexistants.

On peut opposer à ces arguments, qui ne sont pas sans quelques fondements, une plaidoirie intégrant de multiples facettes. C'est ainsi que plusieurs perspectives, favorables à la fois aux gouvernements et aux citoyens, ont été élaborées.

§2 : Les perspectives d'avenir pour l'aboutissement à un « juste équilibre »

Pour contrer la peur des excès de populismes, l'on peut très bien envisager différentes mesures de protections étanches telles une charte des droits et libertés constitutionnalisée et une loi encadrant rigoureusement les dépenses de promotion. L'on pourrait aussi choisir de limiter le champ d'application du droit d'initiative populaire en interdisant son usage sur certaines questions, notamment sur celles touchant les droits des minorités et en limitant les usages du veto populaire. L'on pourrait également procéder par des étapes afin de développer progressivement la responsabilité citoyenne notamment par l'introduction de nouveaux mécanismes de discussion et d'information qui se déploieraient avant les scrutins référendaires.

D'ailleurs, tout référendum devrait être l'aboutissement d'un dialogue intense entre tous les citoyens et non un simple moyen de trancher une question en faisant la somme des pour et des contre. Cela dit, il serait pernicieux de refuser d'élargir le pouvoir décisionnel des citoyens sous prétexte qu'actuellement les niveaux de conscience citoyenne et de compétence civique ne sont pas encore assez élevés ou que le niveau d'éthique sociale est toujours déficient. Il faut reconnaître que la discussion et la délibération nécessitent du temps et coûtent plus cher qu'une gouvernance autoritaire. La dictature, éclairée ou pas, est toujours plus expéditive. Cependant, il est loin d'être démontré qu'elle soit plus efficace. Chose certaine, il faut choisir. Quoi qu'il en soit, le débat sur l'introduction d'un usage plus répandu de l'instrument plus référendaire et de l'initiative populaire est majeur car il oblige à déborder de front le véritable questionnement, à savoir l'opportunité de maintenir ou d'établir un environnement plus favorable entre les citoyens et la société civile d'une part et la classe des représentants politiques d'autre part. La recherche d'un dosage adéquat reste ainsi la trame de tout un sujet de réflexion.

CONCLUSION

Il est clair que la démocratie peut améliorer de façon importante le bien-être des citoyens, les aider à mieux s'exprimer librement et de faire en sorte que l'économie prospère et que la sécurité soit assurée. Dans ce contexte, il devient de plus en plus important que les Etats coopèrent et essaient de développer des modèles communs à leur continent. C'est seulement ainsi que les guerres peuvent être évitées et que l'anarchie et les chaos n'apparaissent pas. A travers les moyens de communication modernes, aucun Etat dans le monde ne peut plus laisser ses citoyens dans l'ignorance ou le doute sur les droits et les libertés qui règnent dans d'autres pays. Si les Etats veulent éviter que les citoyens essaient de réclamer ces mêmes droits par la révolution, les coups d'Etat ou la désobéissance civile, ils doivent être disposés à les garantir à l' avance. Le chemin est encore long pour que tous les Etats du monde soient démocratiquement régis et, que « toute autorité soit issue du peuple » ou du moins le peuple devrait s'y investir davantage. Dramatique cercle vicieux, qui voit s'établir une démocratie protestataire mais complètement vulnérable à la séduction démagogique de quelques assoiffés de pouvoir qui promettent aux gens la satisfaction recherchée de leurs besoins et désirs en échange de leurs voix. Aujourd'hui, plus que jamais, l'on ne devrait plus user de la rue pour espérer l'instaurer; à plus d'une reprise nous vîmes que ce fut une erreur.

Plusieurs pays, y compris le notre et d'autres
Etats africains, ont effectué des pas importants
comme « la transition » sur le chemin de la
démocratisation à la fin des années 1980, au
début des années 1990 et voire même le cas de
notre pays actuellement. Aussi, la démocratie
d'aujourd'hui est encore loin de pouvoir
prétendre qu'elle est véritable et authentique
et qu'elle permet à tous les citoyens de
participer activement à la vie politique et à la
gouvernance de l'Etat. Nous sommes encore
loin du gouvernement par le peuple.
Incidemment, certains prétendent toujours
qu'il s'agit d'une utopie et que jamais la
démocratie véritable ne verra le jour. A-t-on
raison de croire cela ? Peut-être ! À coup sûr,
ce sont les mentalités qui doivent être

changées. Mais comment procéder pour y
arriver ?

BIBLIOGRAPHIE

OUVRAGES

BECKER Paula et Dr Jean Aimé A.RAVELOSON, « Qu'est- ce-que la démocratie ? » Antananarivo, Septembre, KMF-CNOE et Stella Nova, FES ,2008

BLATRIX(C.), « Devoir débattre : les effets de l'institutionnalisation de la participation sur les formes d'action collective », Politix, n°57, 2002

BLONDIAUX (L.), « L'idée de démocratie participative : enjeux, impensés et questions récurrentes », Paris, La découverte, 2005

BREUX(S.), « Les dimensions territoriales de la démocratie participative », Sciences de la Société, n°, 2006

CHAGNOLLAUD Dominique, « La science politique », 2è édition, Dalloz, 1999

ETCHEGOYEN Alain, « La démocratie malade du mensonge », édition François Bourin, 1993

GROTE (J.R), Gbipki (B.), « Participatory governance: Political and Societal implications", Leske, Budrich, Opladen, 2002

MENDEL Gérard, « Pourquoi la démocratie est en panne ? », La découverte, Paris XIIIe, 2003

MINC Alain, « L'ivresse démocratique », Gallimard, 19 Octobre, 1996

SINTOMER (Y.), « Le pouvoir au peuple. Juris citoyens, tirage au sort et démocratie participative », Paris, Lamarttan, 2007

REVUES ET MANUELS

,

BELAND Claude, « La participation citoyenne, un rempart de la démocratie », extension et radicalisation de la démocratie participative, in Ethique publique, page 64-72, vol 7, n°01, Printemps 2005

BLASIUS Julia, Tobias Gombert, « Fondement de la démocratie sociale », in Manuel de la démocratie sociale, n°1, édition Académie pour la démocratie sociale et FES, 2007 DEBBASCH Charles, « La démocratie », in Pouvoir, IVE trimestre, n°07, PUF, 1978

LABRECQUE Annie Claude et Sandra Breux, « Démocratie participative locale », in Capsules thématiques, Février 2009

RENAUT Alain et Jürgen Habermas, « Délibération et gouvernance : l'illusion

démocratique », in Raison publique, n°01,
2003